子どもの
イライラ　かんしゃく
八つ当たり　グズグズ
への対応がわかる！

心を育む
子どもの
アンガーマネジメント

著　小尻美奈

チャイルド社

はじめに

　なぜ、子どもにアンガーマネジメントが必要なのでしょう。
　それは、じょうずに怒るスキルが「生きる力」につながるからです。

　先行きが不透明で、将来の予測が困難な状況のなか、子どもたちを取り巻く環境は変化しています。新型コロナウイルス感染症（COVID-19）などの感染症や、自然災害、デジタル化、グローバル化などの影響を受け、価値観や生活様式が多様化しています。これまでとは「違う」、ほかの人とは「違う」、何が正解かわからない変化の多い今を生きている子どもたちは、自分の感情をもて余したり、気持ちをどう相手に伝えたらいいかわからないこともあるでしょう。このような時代を生きていく上で必要な力は、「自分はどうしたいのか」「何を大切にしたいのか」という自分軸をもつことです。

　アンガーマネジメントを身につける過程では、気持ちを落ち着かせる、怒る・怒らないを決める、そして、どのような行動を選択してそれを相手にどう伝えるかなど、「自分で考え決めて行動する」ことが大事です。大人が子どものアンガーマネジメントをサポートするということは、子どもの自分軸を育む、自立をサポートすることでもあるのです。
　イライラや困りごとに対して、自己決定ができる。つまり、じょうずに怒る練習の積み重ねが、自分軸、自立心を育み、生きる力につながります。自立とは、「自分のことは自分で決めて、判断し、行動できるようになること」だと私は考えます。

　本書が、子どもたちのよりよい未来のための一助になることを願っています。

2023 年 1 月
小尻美奈

もくじ

子どもの イライラ かんしゃく
八つ当たり グズグズ への対応がわかる！
心を育む
子どものアンガーマネジメント

第1章　実は大切な「怒る」ということ

第2章　怒りの感情を理解する
子どもが「じょうずに怒る」ための基礎知識

第3章　子どものアンガーマネジメントを支える
大人の3ステップサポート

第4章　　子どもの怒りへの大人の対応を知る
CASE & STUDY

第5章　子どものアンガーマネジメント力を高める
大人のレッスン

序 本章に入る前にお読みください

アンガーマネジメントのために必要な3つの力
～「思考力」「判断力」「表現力」

　子どもたちが変化の激しいこれからの社会を生き抜いていくためには、「思考力」「判断力」「表現力」が必要だといわれます。そして、アンガーマネジメントにはこれら3つの力が総合的に求められます。

　そこで、本章に入る前に、この3つの力についてお伝えします。

思考力

　アンガーマネジメントにおける「思考力」とは、考える力のことです。

　考える力は、「なぜ相手はこう言ったのだろう？」「相手はこう感じているのでは？」など、相手を理解しようとする過程で育まれます。さらに、「自分は何が嫌で何が許せなかったのだろう？」「どのように行動すれば困りごとが解決するだろう？」「どうすれば相手と仲よくできるだろう？」など自分を振り返ることで、より高度な思考力へと発展します。

判断力

　アンガーマネジメントにおける「判断力」とは、選ぶ力、決める力のことです。

　自分にとって許せることか許せないことか、怒るべきことか怒らなくてもよいことか、相手に伝えるか伝えないか、どのような行動を選択するかなど、自ら選択し、決定するなかで、より強い判断力が育ちます。

表現力

　アンガーマネジメントにおける「表現力」とは、自分の気持ちや要求、考えを相手に理解してもらえるように伝える力です。

　なぜ自分は怒っているのか、どのような気持ちなのか、何をどう解決したいのかなど、相手に理解してもらうための表現力や問題解決につながるコミュニケーション力が育ちます。

＊＊＊

　３つの力を身につければじょうずに怒ることができるようになり、じょうずに怒ることができるようになれば３つの力も身についていきます。

　アンガーマネジメントを身につけることは、生きる力を育てることでもあるのです。そのためには子どもの身近にいる大人の支えが必要です。

思考力

じょうずに怒る＝生きる力

判断力　　表現力

アンガーマネジメントのサポートの心得
〜対話と子どもの選択を軸に

　子どものアンガーマネジメントをサポートする上で、押さえておきたいことをまとめます。

コミュニュケーションは双方向で

　大人が子どもに「従わせる」「守らせる」「わからせる」——大人からの一方通行のコミュニケーションだけでは、子どものアンガーマネジメント力は育まれません。双方向のコミュニケーションが大切です。

対話を心がける

　聴く・受け止める・問いかける大人の関わり方によって、子どもは自身を振り返り、自分で考え、判断し、決めて、行動することができるようになります。

子どもに選択肢を与える

　選択肢を与えることは、子どもを一人の人として尊重して関わることです。子どもに選択肢を与えない、子どもが主張できないのは、子どもの権利を大人が侵害している可能性があります。

子どもの権利を認める

　子どもが「言わない」のは、大人が「言えない」関係をつくっている可能性があります。子どもが意見を言う、気持ちを表現することを認めることで、子どもは意見や気持ちを表現する習慣を身につけます。

　1章から、具体的なサポートについて、ステップを踏んで示していきます。

第1章

実は大切な「怒る」ということ

子どものアンガーマネジメントをとらえる前に知っておいてほしい、「怒りとは」「怒るとは」についてまとめます。

「怒り」と「怒る」は違う

「怒り」とは感情、「怒る」は選択である

「怒り」は感じるもの。感情です。

感情自体に「よい」「悪い」はありません。

喜怒哀楽は、人間なら誰でも感じるしぜんなものなので、「怒り」をなくそうとする必要はありません。無理になくそうとすると、イライラが募って、さらに「怒り」を重ねることになります。

「怒り」はネガティブなイメージをもたれがちですが、人間には必要な感情です。

一方、「怒る」は、行動・言動・表現であり、選択です。行動・言動ですから「よい」「悪い」があります。つまり適切な怒り方と不適切な怒り方があります。

「怒り」は、どのような人でも感じます。やさしい人でも、おだやかな人でも感じます。「怒らない」からといって、感じていないわけではありません。感じない人がいるとしたら、むしろ問題です。無意識のうちに感情を押し殺しているのかもしれません。

「怒り」は、自分を守る ための本能的なもの

　怒りは、様々な感情のなかでも、最もパワフルな感情です。じょうずに扱わないと、人間関係や信用、信頼を失ったり、「誰か」や「何か」を傷つけ、破壊したりすることもあるエネルギーです。怒りの表現方法によっては、自分や相手の人生を大きく変えてしまうほどの力があります。

　そもそも、どのようなときに人は怒りを感じるのでしょうか。
　それは、自分の心や体の安心・安全が脅かされそうになったときや、自分の権利が侵害されたときなどです。
　怒りは、自分を守るための防衛感情なのです。
　ですから、怒りは、自分にとって大事なものは何かを教えてくれるサインでもあります。

　赤ちゃんは泣くことで感情表現をします。
　お腹が空いて泣くのは、泣くことでミルクが欲しいと訴えているのです。おしっこやうんちをして泣くのは、心地よさや快適さを侵害されていることへの怒り。親がそばにいなくて泣くのも、安心感を脅かされていることへの「怒り」です。いずれも、赤ちゃんにとっては命を守るための行動です。
　怒りの表現は、年齢とともに変わっていきますが、怒り

1章　実は大切な「怒る」ということ

の感情は本能的なものだということがわかるでしょう。

　私たちは、自覚の有無にかかわらず、それぞれ「守りたいもの」をもっています。

　子どもの生活で考えると、例えば、使っているおもちゃを友だちに取られた、並んでいるのに横入りをされた、仲間はずれにされた、おもちゃを貸してほしいのに貸してくれなかった、悪口を言われたなどの場面で子どもは怒りを感じます。

　それは、自分の尊厳や大事にしているものなど「守りたいもの」を損なわれた、奪われたと感じるからです。

「怒る」は、困りごとを
解決する行動の選択

　「怒り」はしぜんに感じるものなので、じょうずに表現できることが必要です。それが「怒る」という行動です。
　感じた「怒り」を解決するためにどのような行動に移すかを考えたり、相手に自分の気持ちやリクエストを伝えたりする選択です。相手には伝えない、誰かに相談する、ほうっておく、その場から逃げるなど、いくつかの選択肢から、「怒る」を選ぶということです。
　ですから、「怒る」ことを決めるのは自分です。

　一方で、「怒り」を表出させず、無理に感情を抑え込んだり、ないものとして扱ったりすると、いつか心身の不調などよくない形で表れる可能性があります。

「怒る」自分に OKを出して

「怒ること＝悪」は
思い込み

　怒ることについて、私たちにはたくさんの思い込みがあります。以下に、怒ること・怒らないことについての思い込みを並べます。

怒ることは　　相手を傷つける
　　　　　　　恥ずかしい
　　　　　　　自己コントロールができていない
　　　　　　　意地悪
　　　　　　　攻撃の手段
　　　　　　　嫌われる

怒らないことは　相手にやさしい
　　　　　　　格好いい
　　　　　　　自己コントロールができている
　　　　　　　仲よくするための手段
　　　　　　　好かれる

　このような思い込みによって、怒ることは悪いことだと思っている人が少なくありません。
　怒ることは悪いことではありません。怒る自分にダメ出しをするのではなく、怒る自分に OK を出してください。

「怒る」は、困りごとを解決する手段

　怒ることは、自分が困っていることを建設的に解決するための手段でもあります。怒ることで、相手にやめてほしいこと、理解してもらいたいこと、真剣に考えていること、大切に思っていることなどを伝えるのです。

　例えば、子どもの生活の場面で考えてみましょう。
　大事にしているおもちゃをきょうだいが勝手に使ってしまうことに「怒り」を感じている子どもがいるとします。このとき、「やめて」と怒って気持ちを伝えなければ、相手は自分の行動が許容されていると理解します。「このおもちゃは勝手に使ってもいい」と思ってしまうということです。つまり、おもちゃを勝手に使われる状況はいつまでも変わらず、困っていることは改善されません。
　怒らないと、相手にやめてほしいこと、理解してもらいたいことなどが伝わらず、自分が嫌な状況、困っている状態が続いたり、何度もくり返されたりすることになります。

　伝えることで、自分自身や大切なもの、人、ものごとなどを守ることになるのです。それは、「自分の体や心は自分で守る」という意識を養うことにつながり、それが自立の土台になります。

「怒る」ことは、理想を
実現する力にもなる

　怒ることはまた、自分の理想とする状態を実現する力に
もつながります。

　「よいものをつくりたい」「自分はこうありたい」「こん
な人になりたい」「こんな社会（学校・会社・組織など）
であってほしい」など……。

　怒りはときに、強いエネルギーとなり、成し遂げたいこ
と、実現したいこと、理想の状態に近づくために力を発揮
する起爆剤になります。パワフルな感情はいざというとき
に力を発揮し、強い理想や願望、志を形にしていくのです。

　自分の怒りに気づき、認め、適切にコントロールできれ
ば、理想の状態を実現するための「怒る」行動を起こせる
ようになります。

「怒る」ためには
主体性が必要

　怒るかどうかを決めるのは、自分です。「いつも怒らない」「何があっても怒らない」選択をするのは、自分の気持ちや考えを大切にしていないということです。

　また、自分にとって何が許容でき、何が許容できないかがわかっていなければ、怒ることができません。怒るためには、主体性が必要なのです。

　自分の気持ちに目を向けず、いつも相手に譲ったり、自分の気持ちが NO と言っているのに周囲に合わせて YES のふりをしたりしていると、自分で考えて行動するという積み重ねができません。怒らないというのは、悪い意味で自分を主張しないことであり、主体性とは真逆にあります。

　相手の言いなりになったり、相手にだけ都合がいいようにものごとが進んでしまうことを受け入れるのは、自分より相手が優先の人間関係です。いうなれば、相手に責任を負わせているのです。怒らない人はやさしい人だと思われがちですが、そうとも限りません。責任をとることを恐れているのかもしれません。

　いずれにしても、怒らない選択を続けていると、主体性が育ちません。

怒ることは
自分を守ること

怒らないと、
理不尽な状況が続く

　ここからは少し、怒らないとどうなるかについてお話します。

　自分の権利を侵害されたり、自尊心を傷つけられたりしたとき、相手の言動に不快な感情を抱いていることを伝えなければどうなるでしょう。その言動が続く可能性があるばかりか、エスカレートする場合もあります。

　例えば、友だちに「ちび」などと呼ばれ、嫌な思いをしている子どもがいるとします。怒って気持ちを伝えなければ、友だちは嫌がっていることに気づかないかもしれません。気づいても行動を改めない可能性があります。それどころか、おもしろがってますますからかうようになり、いじめのような状態にまで発展することもあるのです。

　怒らなければ理不尽な状況が続き、理不尽な状況に置かれ続けていると、自分を否定する気持ちが生まれます。さらには「誰も自分の気持ちをわかってくれない」と他者を否定する気持ちも生まれます。

25

怒らないことは、自分を大事にしないことでもある

怒りはしぜんとわいてくる感情ですから、怒らないのは、自分の気持ちや考えを無視してがまんしたり、無理をしたりする状態です。怒りをがまんし続けると、ため込んだ怒りがストレスになり、心身に不調が出ることもあります。実際、怒りと病気との関連性が高いとする研究結果もあります。

つまり、怒らないということは、自分を大事にできないということです。自分も相手も大切にするからこそ、「怒る」ことが必要な場面もあるのです。

また、本当の自分の気持ちや考えを隠せば、人と表面上だけのつき合いしかできません。人との良好かつ健全な関係が築けなくなる可能性があります。

さらに、何かのきっかけで怒りが爆発し、感情的に怒りをぶつけることになれば、人間関係が破綻したり、信用を失ったりすることもあります。

長期的に見ると、「怒らない」ことのほうが人間関係にはマイナスなのです。

人は誰でも
怒る権利がある

　人には怒る権利があります。もちろん、子どもであってもです。

　子どもが自由に意見を言い、意見を大切にしてもらえる権利は、「児童の権利に関する条約（子どもの権利条約）」という国際条約のなかで認められています。「意見表明権」と呼ばれるものです。

　子どもが怒りの気持ちを表現したときに、それを否定したことはないでしょうか。

　「怒ったらダメ！」「大人の言うことを聞きなさい」

　「子どもなんだから黙っていなさい」「口答えをしない」

　「大人の言う通りにしていればいいの」

　このような言葉は、子どもの意見表明権を侵害している可能性があります。大人は、子どもにも怒る権利があることを理解しておく必要があります。これまで述べてきたように、怒ることは大切なことだからです。

児童の権利に関する条約　第12条

1　締約国は、自己の意見を形成する能力のある児童がその児童に影響を及ぼすすべての事項について自由に自己の意見を表明する権利を確保する。この場合において、児童の意見は、その児童の年齢及び成熟度に従って相応に考慮されるものとする。

第2章

怒りの感情を理解する 子どもが「じょうずに怒る」ための基礎知識

子どもが「じょうずに怒る」ことができるようになるために、大人に知っておいてもらいたい「怒りのメカニズム」や「じょうずに怒る定義」について触れていきます。

子どもの怒りには
「欲求」や
「マイナス感情」が
隠れている

欲求が満たされないときに「怒り」の感情がわく

　人の怒りの正体は、「こうあるべき」「こうするべき」という言葉に象徴されます。自分が当たり前だ、常識だと思っている「べき」が裏切られると、怒りがわきます。

　最近、怒ったことはありますか？　どのようなときに怒りましたか？
　例えば、子どもがまったく言うことを聞いてくれなかったとき、または、テレビは１時間までと決めているのに守らなかったなど約束を破ったときに、腹が立ちませんでしたか？
　このようなとき、なぜ、腹が立つのでしょうか。
　それは、あなたが、子どもは大人の決めたルールに従うべきだと思っているからです。その「べき」が裏切られたから腹が立ったのです。
　子どもに対してだけではありません。大人同士も同じです。遅刻をしてくる人に怒るのは時間は守るべきだと思っているから、家事を手伝ってくれない家族に怒るのは家族は家事に協力すべきだと思っているからです。
　ただし、子どもの「怒り」「怒る」は、もう少し本能に近いものになります。「〜べき」というより、「〜したい」のに「できない」、「〜してほしい」のに「してくれない」、「〜したくない」のに「させられる」という言葉のほうが近いかもしれません。

怒りは、「事実」の 「解釈」によって生まれる

怒りは次の３段階で生まれ、その後の行動につながります。
① 事実
② 解釈（考え方）
③ 感情

子どもの生活のなかで、よくある具体例をあてはめてみます。
① 道具箱にクレヨンが入っていない
② 誰かが勝手に使った？
（勝手に使うべきではない）
③ ひどいことをされた（怒り）

同じできごとでも、怒りを感じないパターンもあります。
① 道具箱にクレヨンが入っていない
② 昨日、片づけなかったかも？
（片づければよかった）
③ なくしてしまった　（後悔）

①の「事実」は、起こったことであり、変えられません。しかし、②の「解釈」や、③の「感情」は変えられます。つまり、どう解釈するかによって、「怒り」になったりならなかったりするのです。

「怒り」の裏には
マイナス感情がある

　　怒りの裏には、何らかのマイナス感情が隠れています。「悲しい」「寂しい」「不安」「恐れ」「困惑」「後悔」「罪悪感」「心配」「恥ずかしい」「焦り」「嫌だ」「傷ついた」といった感情です。

　　「テレビは１時間までと決めているのに守らなかったなど約束を破ったときに腹が立つのは、子どもは大人の決めたルールに従うべきだと思っているからだ」と書きました（31ページ）。この事例でいうと、子どもが大人の決めたルールに従わないことへの怒りの裏に、自分のしつけが悪いのではないかという「罪悪感」や、勉強もせずゲームばかりしていて将来は大丈夫なのだろうかという「不安」などが隠れているのです。

　　以下は、子どもの生活のなかでよくある怒りの場面の裏にある感情です。

・おもちゃを友だちに取られた
　　→ 取られたら遊べないから「困る」
　　→ 大事なおもちゃを壊されないか「心配」
・描いた絵を友だちに「へた」と言われた
　　→ 一生懸命に描いたのに「悲しい」
　　→ みんなの前で言われて「恥ずかしい」

アンガーマネジメントは、怒らないことではない

3つのルールを守って
怒ることを目指す

　アンガーマネジメントとは、怒りとじょうずにつき合う心理トレーニングです。怒らないようにすることではありません。自らの怒りに気づき、怒りを認め、ルールを守りながらじょうずに怒りを表現できるようになることを指します。

　「じょうずに怒る」とは、「3つのルール」を守って怒ること。子どもをサポートする大人には知っておいてほしいことです。

> 3つのルール
>
> 「人を傷つけない」
> 「物を壊さない」
> 「自分を傷つけない」

　この3つのルールについて、具体的に説明します。

ルール1　人を傷つけない

身体的・心理的ダメージを人に与えてはいけません。
人を傷つけてはいけない理由は、4つあります。

1 不法行為にあたる

　人や物を傷つける行為は、状況次第で傷害罪、侮辱
罪、名誉毀損罪、器物損壊罪、窃盗罪などにあたります。
　子どもの年齢が低く「犯罪」という言葉がむずかしい
うちは、人や物を傷つけることは絶対やってはいけない
ことだと伝えましょう。

2 問題の解決にならない

　人を傷つけると、相手は悲しんだり、恨んだり、反発
したりします。人間関係が壊れ、信頼関係、協力関係が
築けなくなることで建設的な話し合いができなくなり、
問題は解決できません。

3 後悔につながる

　人を傷つけたことで、自己嫌悪や罪悪感を抱き、自分
を責めることになり、後悔につながります。

4 怒りが連鎖する

　人は傷つけられると怒りが生まれ、その感情をもて余
すと、怒りの矛先が周囲の人に向くことがあります。誰
かに八つ当たりをすると怒りが連鎖します。

身体的ダメージを与える行為（例）

- ・ひっかく
- ・たたく
- ・腕を引っ張る
- ・髪を引っ張る
- ・突き飛ばす
- ・物をぶつける

- ・つねる
- ・殴る
- ・蹴る
- ・唾を吐きかける
- ・大声で威嚇する

　　　　　　　　　　　　　　　など

心理的ダメージを与える行為（例）

- ・身体的特徴や容姿、体型、性格、能力などを差別したり侮辱したりする（「ブス」「チビ」「バカ」「頭悪いんじゃないの」「性格悪いね」など）
- ・無視をする
- ・仲間はずれにする
- ・相手の物を盗む、壊す、傷つける、隠す
- ・閉じ込める、締め出す
- ・秘密をばらす
- ・嫌なこと、危険なこと、恥ずかしいことなどを無理にやらせようとする　　　など

ルール2　物を壊さない

物に当たって、物を破損させることがないようにします。
物を壊してはいけない理由は、３つあります。

1 問題の解決にならない

　物に当たるのは怒りをアピールすることで、相手に「理解してほしい」「察してほしい」という遠回しの自己表現です。しかし、物を壊すことでは、怒りのもとにある「こうしてほしい」「こうしてほしくなかった」という気持ちは伝わりません。

　相手は不快感、恐怖感をおぼえるだけで、問題は解決できません。

2 行為がエスカレートする

　物に当たって一時的にでも気持ちがすっきりする経験をすると、より強いすっきりを求めて行為がエスカレートしていくことがあります。

3 後悔につながる

　物に当たって、それが壊れると、後悔することになりかねません。自分や家族が大事にしていたものならなおさらです。じょうずに怒れない自分を責めることになります。

物を壊す行為（例）

・物を投げる
・鉛筆を折る
・壁を殴る
・絵本を破く
・物を上から落とす　　　など

例）
ブロックで遊んでいるのに友だちにじゃまを
されて腹を立て、ブロックを投げた。

ルール3　自分を傷つけない

怒りの矛先を自分に向けて傷つけてはいけません。
自分を傷つけてはいけない理由は、3つあります。

1 人は誰でも幸せに生きる権利がある

　人は誰でも尊重され大事にされる存在であって、たとえ自分であっても傷つけてはいけません。また、怒りを溜め込むのも、自分を傷つけていることになり、心身に不調が出ることがあります。

2 問題の解決にならない

　反省は解決につながりますが、「自分だけが悪い」と必要以上に自分を責めても問題は解決しません。

3 後悔につながる

　怒りの矛先を自分に向けても、問題が解決しないどころか状況が悪化することもあります。あとから「〜すればよかった」と後悔することになります。

自分を傷つける行為（例）

・許せないのに、怒りを我慢する
・自分の頭を壁に打ちつける　　・自分の頭をゲンコツでたたく
・鉛筆を自分の腕に刺す　　・自分で髪の毛を抜く　　　など
※自覚せずおこなっている場合もあります。
※大人であれば、暴飲・暴食や過剰な喫煙なども含まれます。

怒りを表現しない子どもが増えている

　今、怒りを表現しない、できない子どもが増えているという声が聞かれます。

　怒ったらダメだと言われた経験により、怒ることは悪いことだと思っているのです。「相手の気持ちを大切にする」「相手の立場になって考える」ことを大切にしてきた日本人の国民性、和を尊ぶ日本の文化的な背景もあります。

　みんなと仲よくするというのは、悪いことではありません。しかし、まわりの目を気にしすぎたり、相手の気持ちを察しすぎたりして、自分の気持ちを表現できないと、相手とよい関係を築けなかったり、自分を守れなくなったりすることがあります。これから多様化する社会を生きていく上で、自分の気持ちや意見を主張していく力が必要です。

　友だちとの間で嫌なことがあったときに、怒りを表現せず、「あんなことをする奴はもう友だちじゃない」と一方的に切り捨てる傾向があるのも気になります。ゲームをリセットするかのように、人間関係そのものを断ち切ってしまうのです。

　自分が嫌だと感じたら、それを表現する。相手の怒りにも耳を傾ける。自分の気持ちも相手の気持ちも大切にできる子どもに育てたいものです。

子どものアンガーマネジメントを支える

第3章

大人の3ステップサポート

子どもが自分でアンガーマネジメントできるようになるための、大人のサポートを紹介します。

3ステップでサポートを

子どもが自分でアンガーマネジメントできるようになるための
サポート。まずは、全体像を示します。

step 1

気持ちを
落ち着かせる
サポート

1 怒りのサインをキャッチする
　（危険な行動は止める）
2 怒りの感情に気づかせる
3 子どもの気持ちを聴く
4 子どもと自分（大人）の感情
　に線引きする

step 2

怒りを
どうするか
考えるサポート

1 事実を確認する
2 リクエストを明確にする、
　代弁する
3 マイナス感情に気づかせる、
　寄り添う

子どもの怒りを
理解したり、
整理したりします。

次ページから具体的に
説明していきます。

step 3

行動を決める
サポート

行動の選択肢を提示する

行動の選択肢

どれか一つ、または、
いくつかを同時に選
びます。

1 相手にリクエストを伝える
2 ほかの方法をやってみる、提案する
3 受け入れて自分ができることをする
4 相手に譲る
5 誰かに相談する
6 ほうっておく、関わらない
7 好きなことや気分転換をして忘れる、
　気にしないようにする
8 逃げる、離れる

気持ちを落ち着かせるサポート

1 怒りのサインをキャッチする

　子どもが自分でアンガーマネジメントをできるようになるために大切なのは、子どもが自分の怒りに気づくことです。

　子どもは自分の感情を認識していないことがあります。自分の感情を認識していなければ、それを表現することはできません。自分の怒りに気づき、それを認めることが、怒りとじょうずにつき合っていくための土台となります。

　そのために大人は、子どもの怒りをキャッチすることが必要です。子どもが怒っているときに発しているサインに目を向けるのです。

　サインは、顔の表情や体の動き、態度などに表れます。子どもによって、また、そのときどきで表れるサインは変わりますが、例えば右ページのようなサインがあります。

　サインは、日頃から子どもに目を向けていなければ気づけません。いつもと違うな、という感覚が大事だからです。

　わかりやすいサインを出す子どもだけでなく、無表情など、わかりにくいサインを出す子どももいます。また、怒りをがまんするなど、サインを出さないようにしている子どももいます。できるだけ「いつもと違う」部分に目を向けて、子どもの怒りをキャッチしましょう。

　なお、怒りの感情から相手に手を出すなどしている場合は、すぐに行動を止めてください。

怒りのサイン（例）

**顔に表れる
サイン**

眉間にシワを寄せる、口をとがらす、口をへの字にする、唇をかむ、下唇を下げる、ほおを膨らませる、顔を赤くする、黙ってうつむく、涙をためる、涙を流している、歯をくいしばる、鋭い目つきをする、にらむ、鼻にシワを寄せる、片側の口角だけが上がる、あごをひく、首を傾ける、横を向く、一点を見つめる　など

**体の動きや
態度に表れる
サイン**

動作が荒々しい（ドタドタ歩く、ドアをバタンと閉めるなど）、物に当たる、握りこぶしをつくる、肩が上がる、肩を震わす、肩で息をする、体が固まる、寝転んで暴れる、隠れる、黙るなど

**相手への
行為でわかる
サイン**

怒鳴る、たたく、蹴る、つねる、体を押す、髪を引っ張る、ひっかく、かみつく、無視する、暴言を吐くなど

気持ちを落ち着かせるサポート

2 怒りの感情に気づかせる

　子どものサインをキャッチしたら、子どもに声をかけて自分の「怒り」の感情に気づかせます。

　大人の言葉かけによって、「自分は怒っているのだな」と気づき、冷静さを取り戻せることもあります。

　声をかけるときは、「握りこぶしをつくっているけれど、怒っているのかな?」などと、表情や態度に表れたサインを具体的に伝えるとよいでしょう。指摘されることで、子どもは自分の表情や態度が感情によって変わることが自覚できるようになります。くり返し経験しながら、少しずつ自分で怒りの感情に気づく力がついていきます。怒ると自分がどうなるかを自分自身で知ることは、アンガーマネジメントにおいて大切なことです。

　そばに行ってそっと手を握る、アイコンタクトをするなどで気づかせることもできます。子どもが自分で自分の怒りに気づいている様子が見られたら、しばらく見守るのもよいでしょう。

　どのような場合も「怒っちゃダメ!」などと、怒りの感情自体を否定してはいけません。怒ったことで、相手に暴言を吐いたり、乱暴をしたりしている場合は、その言動についてのみ叱ります。

声のかけ方（例）

子どもが自分の感情に気づき、事情や理由を話せるようになるきっかけをつくります。

怒っているように見えるけれど、何かあった？

○○ちゃん、握りこぶしをつくっているね。今、怒ってる？

ドアをバタンと閉めたね。何か嫌なことがあったのかな？

怒ったときの顔の表情や体の動き、態度などを具体的に知らせます。自分が怒るとどのような変化が生じるか知っていれば、自分の感情に気づきやすくなります。

今、怒っているね

言動で怒りをあらわにするなど、本人が怒っていることを自覚しているであろうときは、「怒っているね」とストレートに言われることで、冷静になれることもあります。

気持ちを落ち着かせるサポート

3 子どもの気持ちを聴く

　子どもが冷静さを取り戻したところで、子どもの気持ち
を聴きます。言葉にできない子どもには、大人が気持ちを
言語化して伝えましょう。

　大切なのは、子どもの気持ちに対して、よい・悪いでジャッジをしないことです。

　「そうか。嫌だったんだね」「本当はくやしかったんだね」
「怒っていたんだね」と気持ちを受け止めたことを言葉に
して、怒りを感じてもいいことを伝えます。

　子どもは、そばにいる大人に気持ちを受容してもらった
経験が安心の土台となり、怒る自分を受容できるようにな
ります。自分の怒りを受け入れることができれば、他者の
怒りも受け入れられるようになります。自己肯定感も育ち
ます。

　子どもの気持ちを聴くときは、子どもの目線に合わせる、
顔を見る、ゆっくりとうなずくなどして、子どもから言葉
が出るのを待ちます。受容的態度で聴くことを意識しまし
ょう。

　ちなみに、子どものマイナス感情を受け入れられないと
したら、それは大人が自分のマイナス感情を認めていない
からかもしれません。子どもをサポートする大人も、自分
がマイナス感情を抱くことにOKを出してあげてください。

受容・共感につながる言葉かけ（例）

約束を守ってほし
かったのね

悲しいよね。○○ちゃん
の気持ち、わかるよ

子どものマイナス感情を受け
止めます。

○○ちゃんは心配だ
と感じたんだよね

事実は違うかもしれないけれ
ど、子どもはそう感じたのだと
いうことに理解を示します。

そう、不安なんだね。
不安に思うのは悪いこ
とではないよ

自分の感情を恥ずかしい、間違っている
と感じている子どもに対しては、「〜と感じ
るのは悪いことではない」と伝えて安心さ
せます。

子どもの気持ちを否定、批判したり、決めつけた言葉はかけません。

「約束を守ってほしいって、ちゃんと言えばよかったでしょ！」
「こんなことで怒っちゃダメ！」
「そんなことで悲しんでいてどうするの？」
「こんなことで不安になってたら、これからやっていけないよ」

step 1 　気持ちを落ち着かせるサポート

4　子どもと自分の感情に線

　子どもの気持ちを受け止めたときに、大人が子どもの感情に責任を感じることがあります。子どもが悲しんでいたり怒っていたりするのは、自分のせいだと思ってしまうのです。子どもの気持ちを思いやるあまり、過剰に共感してしまうこともあります。

　大切に思うわが子であれば、仕方のないことですが、一歩さがって俯瞰してみるように努めてみてください。親子であっても相手の感情は相手が生み出しているものです。両者の間に、感情の線引きをして関わるようにしましょう。

　大人が子どもの感情に巻き込まれると、冷静な判断ができなくなります。子どもが問題を解決するためのサポートができなくなるのです。また、親が不安になると、子どもはさらに不安になり、親子でネガティブ感情に対処できずに、悪循環になってしまうことがあります。

引きをする

感情に線引きをして関わるときの言葉かけ（例）

あなたは、悲しかったのね。まだ作ってる途中だと知らずに片づけてしまったことはママが悪いね。ごめんなさい

まずは感情を受け止めて言葉にしますが、その感情については謝らず、行動について謝ります。

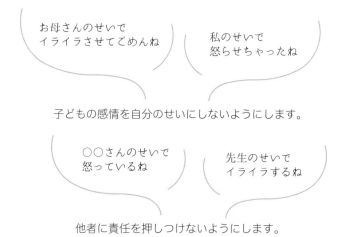

お母さんのせいで
イライラさせてごめんね

私のせいで
怒らせちゃったね

子どもの感情を自分のせいにしないようにします。

○○さんのせいで
怒っているね

先生のせいで
イライラするね

他者に責任を押しつけないようにします。

step 2 怒りをどうするか考えるサポート

1 事実を確認する

　「じょうずに怒る」ためには、感じた怒りを表に出すか（怒る）、出さないでおくか（怒らない）を含めて、どのような行動につなげるかを考える必要があります。

　そのためにまず大切なのが、事実を確認することです。

　「子どもの気持ちを聴く」ことについて、step 1（50ページ）でお伝えしました。しかし、子どもの発言には、勘違いや思い込みがある可能性があります。

　子どもの話だけで判断をすることは、間違った判断を生むことになるかもしれません。そのことを心に留め、大人は子どもと一緒に事実を確認することが大切です。

　その際、気をつけたいのは、子どもの気持ちや発言を受け止めた上で、事実を見極めることです。そのために、「いつ」「誰が」「何をして」「どうなったか」を冷静に聞くようにします。

　自分の発言を信じてもらえていないかもしれないという不安な気持ちを、子どもにもたせないようにしましょう。

事実を見極めるときの対話（例）

何があったか教えてくれる？
誰が何をしたのかな？

　　　　　　　　　○○ちゃんがわざとぶ
　　　　　　　　　つかってきて、積み木
　　　　　　　　　の塔が崩れちゃった！

わざとぶつかってきた
と思ったんだね。なぜ
そう思ったの？

　　　　　　　　　子どもの一方的な思い込みがあ
　　　　　　　　　るかもしれないと思ったときは、
　　　　　　　　　なぜそう思ったのか聞きます。

　　　わざとだから

　　　　　　　　　もしかしたら急い
　　　　　　　　　でいたのかもしれ
　　　　　　　　　ないよ？

　子どもの発言は否定せず、ほかの
視点に気づけるような言葉かけ（〜
かもしれない）をします。

怒りをどうするか考えるサポート

2 リクエストを明確にする

　怒っているときは、自分の本当の欲求になかなか気づくことができません。子どもならなおさらです。

　そこで、大人が子どもに問いかけることで、怒りのもとにある欲求・願望・理想を明確にしていきます。子どもの怒りを引き起こしている本当の欲求がわからないと、サポートをすることができないからです。

　欲求・願望・理想は、大きく２つのリクエストに分かれます。

　１つは、怒っていたとき（過去）にあったリクエストです。子どもの怒りを理解するために、明確にします。

　例えば、「ままごとの仲間に入れてほしかった」「おもちゃを友だちに取られたくなかった」などです。

　もう１つは、これからどうしたいのか？　という未来に向けたリクエストです。問題を解決するために明確にします。

　例えば、「仲間に入れてもらって、一緒にままごとをしたい」「おもちゃを返してもらって、もう一度、そのおもちゃで遊びたい」などです。

　この２つのリクエストを明確にすることが、次のサポートにつながっていきます。

子どものリクエストを明確にする対話（例）

そのとき、本当はどうした
かったの？　どうされたの
が嫌だったの？

ままごとで、一緒に遊
びたかった

仲間に入れてもらえな
くて嫌だった

過去のリクエスト

怒りの理解につながる問い

これからどうしたい？

未来に向けたリクエスト

問題解決につながる問い

仲間に入れてもらって
一緒に遊びたい

　上記は、理想的な対話ですが、このようにいくとは限りません。
次のページで、もう少し対話のパターンを紹介します。

子どものリクエストを明確にする対話（例）
〜いろいろなケース〜

　前ページの「ままごとで、一緒に遊びたかった」子ども
との対話例を、いろいろなケースで紹介します。

リクエストがたくさん出てくるケース

　一緒におままごとがしたい。私が
お母さん役をしたい。〇〇ちゃん
は赤ちゃん役をしてほしい

　　　　　　　　　　　そのなかで、何がいち
　　　　　　　　　　　ばんしたいことかな？

　　　　　　　　　　　と聞き、相手にわかっても
　　　　　　　　　　　らいたいこと＝リクエスト
　　　　　　　　　　　を一つに絞りましょう。

攻撃的なリクエストを出すケース

頭にきたから、ぶん
殴りたい
やり返したい

ぶん殴りたいくらい、嫌
だったのね
やり返したいくらい、怒
っているのね

　いったんは、子どもの言葉を受
け止めます。その上で

○○さんはどう考えている
んだろうね
ほかの人はどう思っている
のかな？

　本当のリクエストを明確に
するために、視点をほかに変
える言葉かけをします。

極端なリクエストが出てくるケース

二度と遊びたくない！
もうおうちに帰ってほしい

今はそう思っているんだね
今日はいったんおしまいにし
て、また明日、考えようか

　いったん受け止めてから、
極端な結論に至らないための
提案をします。

3　自分のマイナス感情に気づ

　2章で、怒りの裏には何らかのマイナス感情があるとお伝えしました（33ページ参照）。「悲しい」「寂しい」「不安」などの感情です。

　そのマイナス感情に気づくことができれば、自分の気持ちをより正確にとらえることができます。自分の気持ちが理解できると、「悲しいからやめて」「〜されると嫌なんだ」「困っている」などと、相手を責めずに気持ちを伝えることができたり、怒らずにすんだりします。

　子どもが自分のマイナス感情に気づくための大人の問いかけは、右ページを参考にしてください。

かせる

子どもが自分のマイナス感情に気づくための
大人の問いかけ（例）

今、どんな気持ち？　　　　　今、どう感じている？

　まず、子どもの気持ちを聴きます。
　子どもが自分の気持ちを言ったら、よい・悪いで判断せず、その
まま受け止めます。文末に「〜のね」をつけると受け止めることが
できます。

　〜だから悲しかったのね　　　　〜をされて悔しかったのね

子どもから言葉が出てこない場合

　感情をいくつか具体的な言葉
にして、子どもが気づけるよう
に聞きます。

〜してもらえなくて、悲
しかった？　それとも寂
しかった？

行動の選択肢を提示する

　step1とstep2を通して子どもが自分の怒りの感情に気づき、自分がどうしたいか、相手にどうしてほしいかリクエストがわかったら、次にどのような行動をするか決めていきます。

　大切なのは、子ども自身が決めること。自分が選択した行動でイライラする状況が改善できたという経験の積み重ねが、達成感や自尊心を高めます。自分が選択した行動でうまくいかないときは、その行動の責任を自分がとらなければならないことを学んでいきます。

　大人が指示・命令をするだけでは、自分で考え、決めて行動する力が育まれません。子どもがどうすればよいかわからない場合は、行動の選択肢をいくつか提案し、選んでもらいましょう。

行動の選択肢はたくさんありますが、ここでは８つ紹介します。

　どれか１つを選ぶだけではなく、いくつかを同時に選ぶことも可能です。自分にも相手にとってもよりよい行動がとれるようサポートしましょう。

１ 相手にリクエストを伝える

２ ほかの方法をやってみる、
　 提案する

３ 受け入れて自分が
　 できることをする

４ 相手に譲る

５ 誰かに相談する

６ ほうっておく、関わらない

７ 好きなことや気分転換をして忘れる、
　 気にしないようにする

８ 逃げる、離れる

それぞれの選択肢の具体的な
サポートについて紹介します。

行動の 1 相手にリクエストを伝える
選択

　相手がルールを守っていないときや、相手に自分の権利が侵害されたときは、「こうしてほしい」「こうしてほしくない」というリクエストを伝えられるようにサポートします。伝えられずにいる子どもには、セリフを具体的に教えます。

　相手にリクエストを伝えても、自分の望む結果になるとは限りませんが、伝えたこと自体がじょうずに怒れた経験になります。その積み重ねが自信につながっていきます。

サポート例
「私も並んでいたんだよ。
順番守ってね」
と伝えてごらん

順番を抜かされて嫌な気持ちだが、
黙って嫌そうにしている。

伝える際のポイント

気持ちを相手に伝える上で気をつけたいのは、それが未来に向けたリクエスト（次から〜してほしい）だということです。

> ● **リクエストは、いちばん伝えたいことを1つに絞る**
> 　一度にたくさんのリクエストを伝えると相手に届く情報量が多くなり、相手が理解したり受け止めたりできない可能性があります。
> 　　**OK**「次から順番を守ってね」
> 　　**NG**「順番を守ってもらいたいし、うしろに並んでほしいし、ほかの人のことも考えてもらいたい」
>
> ● **主語は「私」にする**
> 　相手を主語にすると、相手は責められたと感じます。
> 　　**OK**「私はルールを守ってもらいたい」
> 　　**NG**「あなたはなんでルールを守らないの？」
>
> ● **リクエストは、相手が変えられる行動にする**
> 　相手を否定したり傷つけたりする内容は避けます。
> 　　**OK**「今度から順番を守ってね」
> 　　**NG**「順番も守らない悪い人は、あっちにいってほしい」

3章　大人の3ステップサポート

行動の選択 **2** ほかの方法をやってみる、提案する

　ものごとがうまくいかなくてイライラしている様子があるとき、子どもは「このやり方しかない」と思い込んでいるのかもしれません。

　問題を解決したり目標を達成したりするためには、いろいろな方法があることを知り、ほかの方法に目が向けられるように、具体的な選択肢をあげて言葉をかけます。

練習してもじょうずにできない自分にイライラしている。

サポート例

前まわりがじょうずな人はどんな練習をしているんだろう？

（具体的にやってみせながら）こんなふうにしてみたらどう？

ほかによい方法はないかな？

行動の選択 3 受け入れて自分ができることをする

　自分の思い通りにならないことや、変えようがないイライラを、いったん「受け入れる」ことも大切です。相手の意思を尊重することにも気づけるようにします。

　自分がしたいことと相手がしたいことが一致せず、相手に断られたときは残念だった気持ちに共感しながら、ほかの方法を提案します。また、あきらめることも選択肢の一つとして伝えましょう。

鬼ごっこをしようと誘ったのに、相手に「鬼ごっこしたくない、私はおままごとしたい」と言われて怒っている。

サポート例

一緒に遊べず残念だったね（共感）

ほかのお友だちを誘ってみたら？
それとも、鬼ごっこはやめて
おままごとを一緒にさせてもらう？
ほかの遊びを提案してみる？

提案に納得できないときは

「○○ちゃんだったら、やりたくない遊びを無理にやったとしたら、楽しい？」などと、相手の気持ちに気づけるような言葉をかけます。

3章　大人の3ステップサポート

行動の選択 **4** 相手に譲る

　自分の思いを通すことに固執せず、ときには相手に譲れるようになることも大切です。

　大人が「譲ってあげなさい」と決めるのではなく、子ども自身が譲れるように提案します。

> **サポート例**
> どちらもやりたいから、
> みんなができるように
> 順番を決めようか
>
> 先に譲れる人はいる？
>
> 譲ってあげられたね

公園で遊具（ブランコ）
の取り合いになった。

行動の選択 **5** 誰かに相談する

　　自分だけで解決しようとしたり、自分がなんとかしなければと思っている子どももいます。

　　サインを見逃さずに声をかけ、誰かに相談することで解決できることもあると知らせます。

サポート例
行きたいんだよね？
じゃあ、お友だちのお母さんに
聞いてみようか？
それとも、お友だちに
聞いてみる？

友だちの家で遊ぶ話が出ていたのに、自分だけ声がかかっていない。呼ばれなかった。でも、本人に聞けない。

行動の選択 **6** ほうっておく、関わらない

　自分の力ではどうにもならないこともあります。どうにもならないことや、自分にとって些細なことであれば、関わらなくていいこともあると知らせます。

　無理をしている、がんばりすぎているときに、解決しようとしたり、関わろうとしたりすればするほど、イライラやストレスが募ります。ときには、ほうっておく・関わらないという選択をしてもいいことを伝えましょう。

サポート例
嫌だったんだね
（共感、受容）。
嫌だと思ったときは、
一緒に遊ばなくても
いいんだよ

友だちがダメ出しや愚痴、悪口を言ってきて、嫌な気持ち。

行動の選択 7 好きなことや気分転換をして 忘れる、気にしないようにする

変えられないこと、どうしようもない状況になることもあります。このような場合は、子どもの気分が切り替わることを提案します。

> **サポート例**
> 遠足には行けなかったけど、
> ほかに楽しいことを
> やってみようか。
> お部屋で遠足ごっこはどう？

3章　大人の3ステップサポート

楽しみにしていた遠足が
雨で延期になった。

行動の
選択 **8** 逃げる、離れる

　　心や体が不調になるほどの嫌がらせやいじめなどについ
ては、物理的な距離を置いたほうがよいでしょう。
　　日本では耐え忍ぶことを美徳としがちですが、自分を犠
牲にしてまでがんばらなければならないことはそう多くあ
りません。
　　子どもが自分から距離をとれずにいる場合は、園や学校
に対応を相談してみましょう。

サポート例
お休みしよう？
園に行かなくても
いいんだよ

友だちにいつもいじめられている。
園に行くのがつらい。

アンガーマネジメント テクニック

子どもがイライラしているときに、心を落ちつかせる方法を紹介します。大人が誘導して一緒におこないましょう。大人のクールダウンにも有効です。

1 ゆっくりながーく深呼吸

口から6秒かけてゆっくりと息を吐き切って、6秒かけて鼻から吸います。

深い呼吸ができると、体の緊張もほぐれて怒りが落ち着きます。風船や紙袋を使って吐き出すと、息が目に見えておすすめです。

2 落ち着く言葉を唱える

イライラする自分に向けて、気持ちが落ち着く言葉をかける方法です。「大丈夫・大丈夫」など、唱えることでおだやかになれたり、安心したり、朗らかな気持ちになれる言葉にします。

3 グラウンディング

怒りを感じる対象から目をそらし、ぬいぐるみやコップなど、目の前にある物に意識を集中させます。形、色、材質、感触などをよく観察することで、クールダウンできます。

※アンガーマネジメントテクニック4・5・6・7は、127ページ

第4章

子どもの怒りへの大人の対応を知る
CASE & STUDY

子どもがイライラする場面で、大人はどのように対応すればよいのでしょう。よくあるケースを取り上げ、第3章の3ステップを活用した対応を紹介します。

※各ケースの怒りのレベルを　　の大きさで表しました。

友だちの物が欲しい

　園庭の砂場で、友だちが使っているスコップをいきなり取り上げて遊び始めました。友だちが嫌がって取り返そうとすると、怒って友だちの顔に砂を投げました。（2歳）

Support ＊ step 1〜3（3章参照）

step 1

気持ちを
落ち着かせる
サポート

怒りのサインをキャッチする

・「砂を投げる」という危険な行動にストップをかけます。子どもの手を握り、これ以上、砂を投げないようにします。砂をかけたことについては「砂を投げてはいけないよ」と叱ります。

・砂を投げる行動がエスカレートしそうな場合は、子どもの手を引いてその場を離れ、手を洗わせるなど別の行動をして気持ちを落ち着かせます。砂を投げられた子どもへの対応も必要です。

step 2

怒りを
どうするか
考える
サポート

事実を確認する
・「そのスコップ、○○ちゃんが使っていたんだよ」と事実を伝え、状況に気づかせます。

リクエストを明確にする、代弁する
　対話例
「そのスコップを使って何を作りたかったの？」
　（子ども：穴を掘る！）
「そうか。穴を掘るためにスコップを使いたかったんだね」

step 3

行動を決める
サポート

行動の選択肢を提示する
1　相手にリクエストを伝える
「『砂を投げてごめんね。あとでスコップ貸して』とお願いしてみようか」

3　受け入れて自分ができることをする
「スコップを使うのはやめて、手で掘ってみる？」

5　誰かに相談する
「別のスコップがないか、ほかの人にも聞いてみようか」

 大人のNGフレーズ

「勝手に取るなんて、悪い子ね」
　子どもの行動を「勝手に取る」と決めつけたり、「悪い子」など人格否定にあたる言葉を使うのは NG。

CASE 2 　怒りのレベル

友だちにたたかれた

鬼ごっこをしていて、友だちにぶ
つかってしまいました。友だちから
「ぶつかるなよっ！」と背中をドン
と強くたたかれて、大泣き。「痛い！
痛いっ！」と肩で息をしながら、
大泣きしています。（5歳）

 Support　*step 1〜3（3章参照）

step 1

気持ちを
落ち着かせる
サポート

怒りの感情に気づかせる

・「びっくりしたね」「痛かったね」と泣い
　ている子どもの気持ちに共感して寄り添
　います。

・感情がたかぶっているので、顔を洗った
　り、口をすぼめてゆっ
　くり息を吐き出すなど
　を子どもと一緒にやり
　ながら気持ちを落ち着
　かせます。

アンガーマネジメント
テクニック1
ゆっくりながーく
深呼吸
（73ページ参照）

78

step 2

怒りを
どうするか
考える
サポート

事実を確認する

・「痛かったところを教えて」と聞いたり、けがはないか見たりしながら「何があったか教えてくれる？」と、事実を確認します。

リクエストを明確にする、代弁する

・「○○ちゃんにどうしてほしかった？」「してほしくなかったことはなあに？」などと言葉をかけます。

　対話例

　（子ども：たたかないでほしかった）
「たたかれたら嫌だよね。悲しいよね。これからどうしたい？」

step 3

行動を決める
サポート

行動の選択肢を提示する

1 相手にリクエストを伝える
「謝ってほしいなら、『たたかれて痛かったよ、悲しかったよ』と伝えてみようか。『もうたたかないでね』って伝えてもいいし、『痛かったから謝ってほしいんだ』って伝えてもいいんだよ」
「一人で言える？　それとも、一緒に伝えてみる？」

 「男の子なんだから泣かないの！　たたき返しなさい！」

　たたくことは問題解決にならず、相手を傷つけることにもなる。また、感情は性別に関係なく表現することができる。

CASE 3　怒りのレベル

仲間はずれにされた

友だちのごっこ遊びに「入れて」と言ったのに、入れてもらえませんでした。目に涙をいっぱいためて、唇をかんで震えています。（4歳）

𝒮𝓊𝓅𝓅𝑜𝓇𝓉　＊step 1〜3（3章参照）

step 1

気持ちを
落ち着かせる
サポート

怒りの感情に気づかせる

・「涙がいっぱいだね。震えているけれど、何かあった？」と怒りの感情に気づかせます。

子どもの気持ちを聴く

・「入れてもらえなかったんだね」と子どもの気持ちを受け止め、「大丈夫、大丈夫」と気持ちが落ち着く言葉を唱えます。

アンガーマネジメント
テクニック②
落ち着く言葉を
唱える
（73ページ参照）

step 2

怒りを
どうするか
考える
サポート

リクエストを明確にする、代弁する

・「〇〇ちゃんはどうしたかったの？」と
　聞きます。

マイナス感情に気づかせる、寄り添う

・子どもの答え（例えば「仲間に入れてほ
　しかった」）を受けて、「仲間に入れても
　らいたかったね。入れてもらえなくて悲
　しかった？」など言葉をかけます。

・対話をしながら子どもの気持ちを受け止
　めます。

　　　対話例
「これからどうしたい？」
　　（子ども：もう遊びたくない）
「そうか、今は遊びたくないんだね」

step 3

行動を決める
サポート

行動の選択肢を提示する

3 受け入れて自分ができることをする
　「じゃあ、ほかのお友だちを誘っておま
　まごとをしようか」

7 好きなことや気分転換をして忘れる、気にしな
　いようにする
　「ままごとじゃなくて、お絵描きや折り
　紙で遊ぶのはどう？」

 大人のNGフレーズ **ちゃんと友だちに言ったの？**

　「ちゃんと」というあいまいな表現ではなく、「大
　きな声で友だちに聞こえるように『入れて』と言っ
　てみた？」と具体的に聞きます。

誘いを断られた

　同じマンションに住んでいる
Ａくんを「遊ぼう」と誘いまし
たが、「今日は遊ばない」と断
られてしまいました。口を尖ら
せ、ブツブツ文句を言っていま
す。（3歳）

Support　＊step 1〜3（3章参照）

step 1

気持ちを
落ち着かせる
サポート

子どもの気持ちを聴く

・子どもが気持ちに気づけるような言葉を
　かけます。

　対話例
「ほっぺたぷんぷん膨らんでるね。怒っ
ているんだね。Ａくんと一緒に遊べず残
念だった？」
　（子ども：だって昨日、遊ぶって約束
　したのに！）
「そうなんだ、それは残念だったね」

step 2

怒りを
どうするか
考える
サポート

リクエストを明確にする、代弁する
・子どもと対話をしながら、怒りの奥にあるリクエストに気づかせます。

マイナス感情に気づかせる、寄り添う
・子どもが自分の気持ちに気づいたら、その思いに寄り添う言葉をかけます。

　対話例
「遊ぶ約束をしていたんだね。何をして遊びたかったの？」
（子ども：ブロック）
「ブロックができなくて残念だったね。それだけ A くんのこともブロックも大好きなんだね。好きな人やものがあるのはいいことだね」

step 3

行動を決める
サポート

行動の選択肢を提示する
3　受け入れて自分ができることをする
「じゃあ今日はママとブロックしようか」

4　相手に譲る
「もしかしたら、何か用事ができたのかもしれないね」
「遊べないときや、遊びたくないと思うときもあるよね」

大人のNGフレーズ

「わがまま言わないの！　いつも遊べるわけじゃないのよ」
子どもの気持ちを「わがまま」と決めつけない。
子どもには意見や気持ちを表現する権利がある。

CASE 5　怒りのレベル

友だちが自分以外の
人を選んだ

　園の遠足のレクリエーション
で、ペアをつくることになりま
した。仲よしのBちゃんと組
みたかったのに、Bちゃんはほ
かの友だちとペアになってしま
いました。（5歳）

Support　* step 1〜3（3章参照）

step 1

気持ちを
落ち着かせる
サポート

子どもと自分の感情に線引きする

・子どもの気持ちを聴き、自分の感情は出
　さずに、子どもの返答をそのまま受け止
　めます。

　　対話例
「怒っているように見えるけど、何か嫌
なことあった？」
　　（子ども：Bちゃん、嫌い）
「嫌い？　どうして？」
　　（子ども：だって、意地悪だもん）
「意地悪だと思ったのね」

step 2

怒りを
どうするか
考える
サポート

事実を確認する

・事実を確認しながら、相手の視点にも気づかせます。

　対話例

「Bちゃんのこと、意地悪だと思ったのはどうして?」

　（子ども：ペアになってくれなかった）

「ペアになってくれなかったのは意地悪なのかな?　Bちゃんはどうしたかったのかな?　Bちゃんも別の友だちとペアになりかったのかもしれないね」

step 3

行動を決める
サポート

行動の選択肢を提示する

1　相手にリクエストを伝える

「Bちゃんに『私はペアになりたかったんだ。ペアになれずに残念だったよ』と伝えてもいいんだよ」

7　好きなことや気分転換をして忘れる、気にしないようにする

「ペアにはなれなかったけど、Bちゃんにお弁当一緒に食べようと誘ってみる?」

大人のNGフレーズ

「ペアになってくれなかったBちゃんは意地悪ね」

友だちを意地悪と決めつけないこと。子どもと自分の考えや感情に線引きしよう。

4章　CASE & STUDY

欲しいおもちゃを買ってくれない

　おもちゃやさんで、子どもが好きなキャラクターの玩具を見て「欲しい！　欲しい！」と地団駄を踏んで暴れます。
（2歳）

Support　＊step 1〜3（3章参照）

step 1
気持ちを落ち着かせるサポート

怒りのサインをキャッチする

・抱っこして、外へ出て気持ちを落ち着かせます。外気や風に触れ、気温や景色の変化で気持ちが切り替わりやすくなります。

・「見てみて、黄色いお花が咲いてるよ」と目の前の物に目を向けるよう声をかけると、怒りから意識をそらすことができます。

アンガーマネジメント
テクニック❸
グラウンディング
（73ページ参照）

step 2

怒りを
どうするか
考える
サポート

リクエストを明確にする、代弁する

・子どもの欲求や気持ちを代弁し、子ども
の怒りに理解を示します。

　　対話例
「欲しかったんだねー。○○マン、大好
きだもんね」
「大好きな気持ち、わかったよ」

step 3

行動を決める
サポート

行動の選択肢を提示する

2 ほかの方法をやってみる、提案する
「○○マンのおもちゃ欲しいよね。よし、
３歳のお誕生日とクリスマスのサンタさ
んのプレゼント、どっちでもらいたい？」
全否定するのではなく、手に入るタイミ
ングを知らせます。
「今は買えないけれど、スーパーに○○
マンのパン、買いに行こうか？」

7 好きなことや気分転換をして忘れる、気にしな
いようにする
「おうちで、○○マンごっこを一緒にし
ようか？」

 「しょうがないなあ」
　暴れるからと買い与えると、暴れたら手に入るとイ
ンプットされる可能性がある。

大事なものを壊された

大切にしていたよく飛ぶ紙飛行機を弟に壊されてしまいました。弟の背中を後ろから押したり、物を投げつけたりなどかんしゃくをおこして暴れています。（3歳）

Support ＊step 1〜3（3章参照）

step 1

気持ちを
落ち着かせる
サポート

怒りのサインをキャッチする

・「押すのはやめよう」と、行動にストップをかけます。子どもの手を握り、「物を投げないで。物が割れたり、当たってけがをするよ」と、危険な行動については叱ります。

・風船や袋を渡し、大きく息を中にはいて膨らませるよう促したり、子どもの肩や背中をトントンと軽くたたいてたかぶった気持ちを落ち着かせます。

アンガーマネジメント
テクニック１・４
ゆっくりながーく
深呼吸
（73 ページ参照）
体をトントン
（127 ページ参照）

マイナス感情に気づかせる、寄り添う

　対話例

「〇〇に壊されて悲しかった？」

　（子ども：〇〇が悪い！　許せない！）

「許せないほど、大切な紙飛行機だったんだね」

行動の選択肢を提示する

2　ほかの方法をやってみる、提案する

「破れちゃったから戻せないね。もう一度紙飛行機、作ろうか？　どんな紙飛行機を作りたい？」

3　受け入れて自分ができることをする

・自分ができる行動を考えてもらいます。

「大切な紙飛行機を壊されないためには、今度からどこに置けばいいと思う？」

「なんで弟を押すの !?　お兄ちゃんなんだから、紙飛行機ぐらいがまんしなさい！」

　「なんで」は相手を責める言葉。子どもは紙飛行機が壊れたことのつらさを理解してもらえず不満が残る。また「お兄ちゃんだから」という言葉は、不公平感を感じる言葉なので避けたい。

もっと遊びたい

公園で遊んでいて、夕方になりました。「帰るよ」と言っても「嫌だ！」「まだ遊ぶ！」と言い張り、遊び続けようとします。（5歳）

Support　＊ step 1〜3（3章参照）

step 1

気持ちを
落ち着かせる
サポート

怒りのサインをキャッチする

・言い張っているときは遊びたい欲求が強いとき。無理に連れて帰ろうとすれば、より大きな怒りに膨れ上がる可能性があります。気持ちを受け止めた上で、困っていることを伝えます。

・「まだ遊びたいのね。でも、ママはあと10分で帰りたいの。ごはんが作れなくて、食べるのが遅くなったら困るの」と、親のリクエストや気持ちを伝えます。

step 2

怒りを
どうするか
考える
サポート

リクエストを明確にする、代弁する

　対話例
「帰るまでに、どの遊びが一番やりたい
の？」「最後に遊びたいことは？」
　（子ども：ブランコ！）
「ブランコで遊びたいのね」

step 3

行動を決める
サポート

行動の選択肢を提示する

3 受け入れて自分ができることをする
「じゃあ、ブランコやってから帰ろう。
10 回と 20 回と 30 回、どれがいい？」
　（子ども：30 回！）
「じゃあ、ブランコ 30 回やってから帰
ろう」
　やりたい気持ちを受け入れつつ、何回か
やったら帰ることを提案します。子ども
は自分で回数を選ぶことで納得しやすく
なります。

 大人のNGフレーズ　「もう知らない！　一人で帰ってきなさい！」
　置いて帰ることは、事故につながる可能性もあり
危険。実際に置いて帰るつもりがなくても、おどす
ような言葉は NG。

CASE 9　怒りのレベル

悪口を言われた

　スイミング（習いごと）の帰り道。子どもが「今日、友だちから『そんなこともできないの？　へたくそだね』と悪口を言われた。ひどい！」と話してきました。（6歳）

Support　＊step 1〜3（3章参照）

step 1

気持ちを
落ち着かせる
サポート

怒りの感情に気づかせる

　対話例

「イライラして怒っているね。へたくそと言われたら悲しいよね」

　（子ども：悲しいんじゃなくてムカつく）

「くやしいの？」

　（子ども：私のほうが始めたのが遅いから、へたなのはしょうがないもん）

「練習をがんばってきたから、くやしいのかもしれないね」

step 2

怒りを
どうするか
考える
サポート

リクエストを明確にする、代弁する

・子どもが自分に望む理想像、相手との関
　係性を聞きます。

　　対話例
「どうなりたい？」
　　（子ども：クロールができるようにな
りたい）
「その子とはこれからどうしたいの？」
（子ども：もう仲よくしたくない）

step 3

行動を決める
サポート

行動の選択肢を提示する

3　受け入れて自分ができることをする
　「クロールができるために何ができそ
　う？」
　「コーチに相談してみてもいいし、今度
　のお休みの日にプールに行って一緒に練
　習してもいいよ」

8　逃げる、離れる
　「仲よくしたくないのであれば、無理に
　関わらなくていいんだよ」

大人のNGフレーズ

「嫌なら、あなたも友だちにへたくそだねって言い
返しなさい」

　　同じことをやり返すだけでは問題解決にならず、
建設的とは言えない。

自分のせいにされた
（やっていないのに）

教室の花瓶が倒れて棚の上が水浸し。みんなから「さっきまでそこにいたＣちゃんがやったんじゃない？ Ｃちゃん拭いておいて」と言われてしまいました。Ｃちゃんは口をつぐんで黙っています。
（7歳）

Support　＊ step 1～3（3章参照）

気持ちを
落ち着かせる
サポート

子どもの気持ちを聴く

・「黙っているけど、がまんしていない？」「どんな気持ち？」と、子どもが自分の気持ちに気づけるような言葉をかけます。

step 2

怒りを
どうするか
考える
サポート

事実を確認する

　対話例

「何があったか教えてくれる？」

　（子ども：花瓶が倒れていたら、みん
　なに私がやったって言われた。やって
　いないのに）

「やっていないんだね」

リクエストを明確にする、代弁する

「みんなにどうしてほしかった？」

　（子ども：気づいた人が雑巾で拭いて
　ほしかった）

step 3

行動を決める
サポート

行動の選択肢を提示します

1　相手にリクエストを伝える

　「『私は花瓶倒してないよ。私のせいにさ
　れて悲しかったよ。今度から気づいた人
　が雑巾で拭かない？』と伝えてみよう」

　自分のリクエストの伝え方を具体的に知
　らせます。

大人のNGフレーズ　「黙っていたらダメでしょ」

　黙ることを否定するのは NG。黙るのは、どう表現
したらいいかわからず困っている証拠。黙る背景に
も目を向けよう。

貸してくれなかった

お絵描きをしているとき、自分のクレヨン箱に赤色がなかったので友だちに「赤いクレヨン貸して」と言ったら「ダメ」と言われてしまいました。絵を描く手が止まり、ぶつぶつ文句を言っています。（4歳）

Support ＊step 1〜3（3章参照）

気持ちを
落ち着かせる
サポート

怒りのサインをキャッチする

・「手が止まっているけど、何かあった？考えごとしてたかな？」と言葉をかけて、子どもの感情を把握します。

事実を確認する

・子どもにどうしたらいいか考えてもらいたいときは、同じフレーズで聞き返します。

　対話例

　　（子ども：赤いクレヨンがないの。お絵描きできない）

「赤いクレヨンがないとお絵描きできないの？」

リクエストを明確にする、代弁する

・子どもの怒りの理由を聞きます。

　対話例

「赤いクレヨンを貸してもらえないとお絵描きできずに困る？」

　　（子ども：うん。赤で描きたい）

行動の選択肢を提示する

2 ほかの方法をやってみる

「どうしても赤を使いたいなら、ほかのお友だちに貸してもらえるか聞いてみる？」

「誰か貸してくれるか、みんなに相談してみる？　それとも、赤じゃない色を使ってみる？」

「あきらめてほかの色を使いなさい！」

　指示・命令ばかりだと、子どもは選択肢を与えられず、自分で考える機会が失われる。

行きたくない

「今日は学校に行きたくない、しんどい」と言い、布団の中から出てきません。(7歳)

Support ＊step 1～3（3章参照）

step 1

気持ちを
落ち着かせる
サポート

子どもの気持ちを聴く

・具体的に何がつらいのかを聞き、子どもの言葉に耳を傾けます。

対話例

「行きたくないんだね。行きたくないのは、体がしんどいから？　それとも、心がしんどい？　どっちだろう？」

（子ども：どっちも）

「体のどこがどんなふうにしんどいのか教えてくれる？　頭が重いとか、足が痛いとか」

・「心がしんどいのは、何か気になっていることや困っていることがあるのかな」と、気持ちの背景を探ります。

step 2

怒りを
どうするか
考える
サポート

リクエストを明確にする、代弁する

・子どもが話してくれた場合、「話してくれてありがとう」と言い、「〜で悲しい思いをしたんだね」などと共感します。そして、「あなたはどうしたい？」とリクエストを聞きます。

・子どもが話してくれない場合、「困っていることあったら、いつでも聞くよ。一緒に考えようね」と、一緒に解決していく気持ちがあることを伝えます。

step 3

行動を決める
サポート

行動の選択肢を提示する

5 誰かに相談する
「今の状況がつらいなら、先生に相談してみる？」

6 ほうっておく、関わらない
「それとも、もう少し様子を見てみる？」

8 逃げる、離れる
状況次第では「環境を変える」などの選択も提案してみます。

 「甘えないで行きなさいっ！」

　頭ごなしに怒ると、子どもは追い詰められ、心を閉ざして話をしなくなることも。行きたくないときに子どもが求めているのは安心感。安心して気持ちを話せる関係性をつくる。

うまくできない！

上着を着ようとしますが、う
まくいかず、「できない！」と、
泣きながら騒いでいます。
（2歳）

Support ＊ step 1～3（3章参照）

気持ちを
落ち着かせる
サポート

step 1　怒りの感情に気づかせる

・「がんばっているのにうまくいかないと、
　イライラするよね」と、子どもの気持ち
　を代弁し、「一人で着ようとがんばって
　いるんだね」と子どもを認めます。

・「いったん休憩しよう」と言い、ぬいぐ
　るみなどの、さわると
　気持ちが落ち着くよう
　なアイテムがあれば、
　子どもに渡します。

アンガーマネジメント
テクニック⑤
気持ちが落ち着く
ものをさわる
（127ページ参照）

リクエストを明確にする、代弁する

・子どもの気持ちが落ち着いたら、「できなくて、嫌だった？ それとも悲しかった？ 悔しかったかな？」と、いろいろな気持ちがあることを伝えながら考えてもらいます。

・「がんばって一人で着てみる？ それとも、少しだけママが手伝う？」と、子どもがリクエストを考えやすいように、いくつか提案します。

行動の選択肢を提示する

2 ほかの方法をやってみる

「もう一度やってみようか？ それとも、鏡の前で着替えてみる？」
自分で着られるための提案をします。

 「まだできないでしょ。ママがやってあげる」

　子どもは「できない！」と言ってはいても自分でやってみたいこともある。子どものチャレンジの機会を大人が奪わないように注意したい。

遠足なのに雨

　楽しみにしていた遠足が雨で
中止になりました。「なんで雨
なの？　てるてる坊主作ったの
に晴れなかった。楽しくない！
嫌だ！」　やる気がなくなり、
ゴロゴログダグダしています。
（5歳）

Support　＊step 1〜3（3章参照）

気持ちを
落ち着かせる
サポート

怒りの感情に気づかせる

・「楽しみにしていたのに、がっかりした
　よね」「嫌だったよね」と、子どもの気
　持ちを代弁しながら寄り添います。

step 2

怒りを
どうするか
考える
サポート

マイナス感情に気づかせる、寄り添う

・「嫌な気持ちを絵に描いてみよう。その
怒りはどんな形？　どのくらいの大き
さ？　何色？」と、自分の気持ちを実感
できるよう提案します。

・絵を描くことに集中すると、怒りが落ち
着き、気分転換にもな
ります。また、その絵
から、悲しさ・残念・
不満など、自分の気持
ちの状態に気づくこと
もできます。

アンガーマネジメント
テクニック⑥
怒りを絵にして
みよう
（127ページ参照）

step 3

行動を決める
サポート

行動の選択肢を提示する

7 好きなことや気分転換をして忘れる、気にしな
いようにする
「雨が降ったことも、遠足が中止になっ
たのも、どうしようもないことだから、
ほかに楽しいことを探そうか？」
「遠足に行かなくてもできること、何や
りたい？」
変えられない事実を受け入れ、ほかにで
きることを探すサポートをします。

4章　CASE & STUDY

大人のNGフレーズ

「お母さんとお父さんの言うこと聞かない罰よ」
罰という根拠のない言葉は子どもを傷つける。

ずるい！

「私はおさがりばかりで、お兄ちゃんはいつも新しい洋服を買ってもらってずるい！」と、鼻息荒く、タンスの引き出しを荒々しく開けて、兄の洋服を投げています。（6歳）

Support　＊ step 1〜3（3章参照）

step 1

気持ちを落ち着かせるサポート

怒りの感情に気づかせる

・「怒っているのね」と感情を代弁し、「洋服を投げるのはやめようね」と物に当たる行動を注意します。

子どもの気持ちを聴く

・「話を聞くから、隣の部屋に行こう」と一緒に場所を移動して、子どもの話を聴きます。

アンガーマネジメント
テクニック⑦
いったんその場を
離れる
（127ページ参照）

マイナス感情に気づかせる、寄り添う

step 2

怒りを
どうするか
考える
サポート

対話例
「どうしたかったの？」
　　（子ども：おさがりばかりじゃなくて、
　　新しいのが着たい）
「おさがりばかりが嫌だったの？　それ
とも悲しかった？」
　　（子ども：悲しい）
「悲しかったんだね」

 行動の選択肢を提示する

step 3

行動を決める
サポート

2　ほかの方法をやってみる
「お兄ちゃんのズボンにかわいい飾りを
つけてみる？　それとも、フリマアプリ
で見つけてみようか？」
「今日はできないけれど、週末ならでき
るよ」
選択肢をあげ、さらに「できること」と
「できないこと」を伝えます。

 「洋服を投げる乱暴な子には、もう買いません！」

　洋服を投げる行動は叱っても、「乱暴な子」と決め
つけて買わない理由にするのは NG。納得できる理由
を伝えよう。

CASE 16 怒りのレベル

どうせ…

　テストの結果があまりよい点数ではありませんでした。小学4年生の姉はいつもテストがよくできます。「どうせぼくは何もできないもん」と伏し目がちになり、下唇を突き出して拗ねています。（7歳）

Support ＊step 1〜3（3章参照）

step 1

気持ちを
落ち着かせる
サポート

怒りの感情に気づかせる

・子どもの気持ちを受け止め、理解を示します。

　対話例
「今、どうせって言っていたけど、お姉ちゃんのテストを見て、嫌な気持ちになってる？」
　（子ども：どうせ、ぼくはできないもん）
「できないと思っているのね」

step 2

怒りを
どうするか
考える
サポート

リクエストを明確にする、代弁する

・自分に怒りの矛先が向いているとき、落ち込んでいるときは、未来に向けた問いかけをして、前向きな行動を選べるようにします。

　対話例
「テストどんな点がとりたい？」
　　（子ども：いい点とりたいけど、とれない）
「いい点って、何点ぐらい？」
　　（子ども：100点）
「100点とったら、どんな気持ちになれそう？」
　　（子ども：やったーって、うれしい気持ち）

step 3

行動を決める
サポート

行動の選択肢を提示する

3　受け入れて自分ができることをする
「100点とれるためには、何ができそう？」
「100点満点になるために、どんな勉強方法がいいか相談できる人はいるかな？」
小さな行動につながる言葉かけをします。

大人のNGフレーズ

「お姉ちゃんはできるのに」
　きょうだい間で比べて怒るのはNG。きょうだいでも得手・不得手があることを理解しよう。

第5章

子どものアンガーマネジメント力を高める 大人のレッスン

子どものアンガーマネジメント力を高めるために、日常の関わりで意識したい8つの習慣と、大人が取り組める6つのレッスンを紹介します。

日常の関わりで意識したい8つの習慣

　子どものアンガーマネジメント力を高めるためには、日頃から、子どもが自分の気持ちに目を向けられるような関わり方を意識することが大切です。

　習慣にしたい8つの関わり方を紹介します。

習慣

1　子どもと一緒に遊び、気持ちを共有する

2　日常会話のなかで子どもの気持ちを聴く

3　子どもが自分の気持ちを表現しやすいグッズを用意する

4　大人自身が気持ちを表現をする

5　小さなことから子どもに決めさせる

6　絵本の読み聞かせをする

7　「私」を主語に話すように促す

8　多様な視点をもてるような言葉をかける

習慣 1 子どもと一緒に遊び、気持ちを共有する

　子どもが「やりたい」と思う遊び、好きな遊びを子どもと一緒に楽しみます。共に遊び、楽しい、うれしい、おもしろいという感情を共有することで絆が生まれ、子どもが気持ちを表しやすくなります。

　そのために大人は、家事や仕事など自分の用事を横に置いて、子どもとだけ向き合う時間を意識的につくりましょう。

　寝る前に布団で絵本を読む、お風呂の湯舟の中であたたまりながら遊ぶなど、10分だけでもいいので、子どもと一緒に遊んで、楽しい思いを共有してください。

5章　大人のレッスン

習慣 2 日常会話のなかで 子どもの気持ちを聴く

　日頃の何気ない会話のなかで、子どもの気持ちを聴く習慣をつけましょう。折に触れて、「今、どんな気持ち？」「どんなふうに感じた？」などと声をかけます。

　子どもは気持ちを聴かれてそれに答えようとすることで、自分の気持ちに気づくきっかけになります。

　このとき大切なのは、子どもからネガティブな気持ちが出たとしても決して否定しないことです。また、子どもの気持ちに、「よい・悪い」「正しい・正しくない」などと決めつけないことです。子どもの話を最後まで聴き、その上で大人の考えを話すようにしましょう。

　子どもが安心して自分の気持ちを表現できるようになるためには、日頃から子どもが気持ちを出せる関係性を築くことが必要です。

{ 習慣 子どもが自分の気持ちを表現しやすいグッズを用意する }

　幼い子どもは、まだ自分の気持ちを言葉で言い表せないこともあります。マークや色などを用いて、指さしで自分の今の気持ちを表せるようにしてみましょう。

　　子どもの気持ちを表すためのマーク

天気のマーク

表情のマーク

5章　大人のレッスン

113

大人自身が気持ちを表現する

　子どもは大人の姿をよく見ています。また、大人が思う以上に大人の気持ちを感じ取っています。

　大人が自分自身のポジティブな気持ちもネガティブな気持ちも受け入れ、表現している姿があれば、子どもも安心して自分の気持ちを受け入れ、表現することができるようになります。

お母さん、忘れ物をしちゃった。どうしよう。困ったなぁ

今日会社でね、一緒にお仕事をしている人から、叱られちゃった。悲しいな

ネガティブな気持ちも表現してみよう。

習慣 5 小さなことから 子どもに決めさせる

「決める」ことには責任がともないます。自分で決めることに慣れていないと、自分で考えたり判断したりする力が育まれません。

大人は、日常の小さなことから子どもに自分で決めさせることを意識しましょう。子どもが悩んでいる間に口を挟んだり、大人の考えを先に言ったりせず、子どもが決める練習をしていきます。

子どもに決めさせる場面例

複数のものから選ばせる

「食後のデザートは、みかんとりんご、どっちにする？」

「赤い靴下と青い靴下、今日はどっちをはいていく？」

子どもに提案させる

「今度の日曜日、どこにお出かけしようか。〇〇ちゃんの行きたいところはどこ？」

習慣 6 絵本の 読み聞かせをする

　子どもが様々な「気持ち」を知り、理解するために、絵本の読み聞かせや、劇、映画など物語に親しむ機会をつくってあげてください。

　物語にはいろいろな人物が登場し、様々な出来事とともに気持ちが描かれています。物語に入り込んで登場人物に自分の気持ちを重ねることで、人の気持ちを理解したり想像したりする力が養われます。それが、自分や他者の怒りを理解できる土台にもなります。

読み聞かせるときの注意点

絵本を読みながら、「この子の今の気持ちはどうだと思う？」などと細かくたずねない（物語が途切れてしまうため）。

習慣 7 「私」を主語に 話すように促す

　「みんな」ではなく、自分はどう思うかを話すように促します。日頃から「自分が」何を感じ、考え、どうしたいのか、自分の言葉で話す経験の積み重ねが自分軸をつくり、「じょうずに怒る」力を高めます。

子どもへの促し方

子どもが、
「だって○○ちゃんがそうするって言った」
「みんながそうしたから」
「○○ちゃんだってそうだもん」
と答えたとき大人は、
「あなたはどうしたい（したかった）の？」
「あなたはそれをどう思っているの？」
と聞いて、子ども自身が「自分が」
どう思うかを考えるきっかけをつ
くります。

5章　大人のレッスン

117

習慣 ⑧ 多様な視点をもてる ような言葉をかける

　自分だけのものの見方しかできないと、「自分が正しくて相手が悪い」というイライラしやすい考え方になりがちです。日頃からいろいろな見方・受け止め方ができるような言葉をかけるようにしましょう。

　多様な視点で考えられるようになると、他者の気持ちを想像し、行動を理解できることが増え、イライラしにくい柔軟な考え方になります。

　同じできごとについて、それぞれの気持ちを話してみるのもよいでしょう。人によって感じ方は違う、同じできごとでもいろいろな感じ方があることにも気づきます。

> 「もし」で、ほかの人や場面で考えてみる
> もし、自分だったらどう？
> もし、ほかの人が同じことを言ったら？
> もし、家じゃなくて園だったら？

> 主語を変えて考えてみる
> ○○さんはどう思っているんだろう

> 「かも」で、相手の事情や背景を考えてみる
> 忙しかったのかも？
> 体調が悪いのかも？
> おうちで何かあったのかも？

対話例

レストランで注文した料理がなかなか来ない

犬がしっぽを振ってこちらに向かって来ている

大人が取り組む
6つのレッスン

　子どものアンガーマネジメントをサポートするために
は、大人自身も怒りに冷静に向き合えることが必要です。
そのための、6つのレッスンを紹介します。

　1　変化に強い心をつくるレッスン
　〜ブレイクパターン（パターンを崩す）

　2　理想の人物像に近づくレッスン
　〜プレイロール（理想の人をまねする）

　3　おだやかな人になるレッスン
　〜24時間アクトカーム（おだやかさを演じる）

　4　ポジティブ感情に気づくレッスン
　〜ハッピーログ（幸せを記録する）

　5　自分をほめるレッスン
　〜サクセスログ（できたをさがす）

　6　モチベーションを上げるレッスン
　〜ポジティブセルフトーク（自分で自分を励ます）

レッスン 1 変化に強い心を つくるレッスン 〜ブレイクパターン（パターンを崩す）

　様々なものの見方ができて柔軟に物事を考えられると、イライラしにくいものです。

　そこで、何かが起こったときに柔軟に、イライラせず、しなやかに対応できる「変化に強い心」をつくりましょう。

　そのために、ふだんの自分の習慣を一つ崩してみます。毎朝、コーヒーを飲む、○時○分の電車に乗るなど、毎日何げなくやっている行動を意識的に変えてみるのです。朝、緑茶を飲んでみる、いつもと違う電車にしてみる、通勤ルートを変えてみるなど。

　「いつもと同じ」が崩れると、人は大きなストレスを感じます。あえて慣れたパターンを崩す経験をすることで、変化に強い心がつくられていきます。

5章　大人のレッスン

レッスン 2 理想の人物像に近づくレッスン 〜プレイロール（理想の人をまねする)

　怒りっぽさや怒り方の苦手さを自覚している人が、「おだやかに」「理性的に」と言われても困りますね。そこで、憧れの人を演じることで、じょうずに怒れるようになることを目指すのが、プレイ（演じる）ロール（役割）というレッスンです。

　まずは、身近にいる「おだやかだな」「理性的だな」と感じる人、あんな人になりたい！と思う理想の人をイメージします。ドラマやアニメ、漫画の登場人物でもよいでしょう。その人になりきって、表情やしぐさ、言葉づかいをまねしてみるのです。

　はじめはぎこちないかもしれません。でも、行動や振るまいが変わっていくと内側も影響を受けるものです。

　少しずつ自分の目指す理想像に近づいていってください。

レッスン 3 おだやかな人になる レッスン
～24時間アクトカーム（おだやかさを演じる）

　怒りを感じたとき、必ずしもがまんする必要はありませんが、感情を爆発させるのは自分にとっても相手にとってもよくありません。怒りをどうするかを考えられる冷静さをもつことが大切です。

　怒りを感じたら「おだやかさ」を演じてみます。あえて口角を上げ、笑顔をつくり、低い声のトーンで、ゆっくり話します。表情やふるまいを変えることで、気持ちもしだいに落ち着いていきます。

　ふだんから、ちょっとした怒りの際に意識して演じることをくり返すうちに、しぜんに冷静さを取り戻すことができるようになります。

　売り言葉に買い言葉で暴言を吐いてしまいがちな人、物に当たって周囲を引かせてしまう人などにおすすめです。

レッスン 4　ポジティブ感情に気づくレッスン〜ハッピーログ（幸せを記録する）

　イライラしていることが多いと、ポジティブな気持ちに気づきにくくなります。このようなときは、日常の「よかった」「うれしかった」ことに目を向ける習慣をつくりましょう。日常の小さな幸せを意識して探してみるのです。

　「今日は晴れていて洗濯物がよく乾いてよかった」「煮物がおいしくできた」「子どもが自分の絵を描いてくれてうれしい」などポジティブな気持ちになったときに手帳やスマホなどに記録します。余裕がないときは、夜、一日を振り返って書き出してみるのもよいでしょう。

　小さな幸せに気づけるようになると、ネガティブな気持ちは自ずと薄れていきます。

レッスン5 自分をほめる レッスン ～サクセスログ（できたをさがす）

「また怒ってしまった」「嫌な言い方をしてしまった」など、なにかと自分を責めがちな人におすすめなのが「サクセスログ」です。

自分の失敗や欠点を自覚して反省するのはよいのですが、そこにばかり目を向けているとマイナス感情が溜まって、イライラしやすくなります。自分のできているところ、うまくいったことを記録することで、よい面にも目を向けることができます。

「自分のよいところに目を向けろと言われても、よいところなんてなにもない」などと思う人がいるかもしれません。でも、「朝、ちゃんと起きた」「ごはんを作った」「時間を守れた」といった些細なことでいいのです。

小さな「できた」を見つけて、自分のことを労ったりほめたりすることで自信を取り戻し、イライラしにくい自分になれます。

レッスン6 モチベーションを上げるレッスン
〜ポジティブセルフトーク（自分で自分を励ます）

　うっかりミスをしたり、じょうずに怒れなかったりすると、自己嫌悪に陥ることがあります。自分に怒りの矛先が向きそうになったら自分で自分を励ます言葉をかけて、モチベーションを上げていきましょう。

　失敗をして「しまった！」と思ったとき、仕事で叱られたときなどには、「大丈夫、次はできる」「私ならうまくやれる」と、前向きな言葉を自分に言い聞かせるようにつぶやきます。

　くり返し声をかけていくことで、だんだん前向きな気持ちになっていきます。

子どもがイライラしているときに、心を落ちつか
せる方法を紹介します。大人が誘導して一緒におこ
ないましょう。大人のクールダウンにも有効です。

④ 体をトントン

子どもの背中や肩などを、ゆっくりやさしく軽くトントンと
たたくことで、気持ちを落ち着かせます。

⑤ 気持ちが落ち着くものをさわる

お気に入りのぬいぐるみや毛布など、さわることで安心でき
るもの、リラックスできるものに触れて、イライラをクールダ
ウン。

⑥ 怒りを絵にしてみよう

目に見えない怒りの、形・色・肌ざわり・匂い・温度などを
想像して絵にすることで、自分の気持ちをより実感し、理解す
ることができます。絵を描くことに意識が向くので気持ちが落
ち着きます。

⑦ いったんその場を離れる

相手を攻撃してしまいそうなときや怒
りが抑えられないときは、いったんその
場を離れます。離れている間は、気分転
換できることに取り組み、イライラをし
ずめます。

※アンガーマネジメントテクニック１・２・３は、73ページ

<ruby>小尻美奈<rt>こじりみな</rt></ruby>

元幼稚園教諭。現在は一般社団法人日本アンガーマネジメント協会認定アンガーマネジメントコンサルタントとして、保育・教育分野を中心に企業・官公庁での研修、保護者向け講演会、子どもたちへの授業等でアンガーマネジメントを教えている。また、同協会の本部主催登壇講師として指導者の育成にも従事し、認定資格者の指導人数は約1000名。著書に『ママも子どももイライラしない 親子でできるアンガーマネジメント』(翔泳社)などがある。

参考文献
日本アンガーマネジメント協会講座テキスト
『「怒り」を上手にコントロールする技術 アンガーマネジメント実践講座』安藤俊介著・PHPビジネス新書

子どもの イライラ かんしゃく 八つ当たり グズグズ への対応がわかる!

心を育む 子どものアンガーマネジメント

著　　小尻美奈

表紙・本文(1・2・3・5章)イラスト　さかじりかずみ
本文(4章)イラスト　みやれいこ
デザイン　ベラビスタスタジオ
編集協力　こんぺいとぷらねっと
印　　刷　宮永印刷

発 行 日　初版 2023年2月28日
発 行 人　柴田豊幸
発　　行　株式会社チャイルド社
　　　　　〒167-0052　東京都杉並区南荻窪4丁目39番11号

ISBN978-4-925258-67-8　C0037